## 编委会

### 主 编

史玉凤　　陈蓓琴　　陈源清

### 副主编

韩　梅　　花钰锋　　戴曼莉(聋)

### 编写成员

沈　刚(聋)　刘凯毅　　吴耀宇(聋)　袁　敏(聋)

郭　欣　　史学军　　于晓岚　　赵　莉(聋)

杨武举　　陆盼盼　　周宝玉　　陈　燕

聋校日常用语国家通用手语系列推广手册

主 编 ————
史玉凤 陈蓓琴 陈源清

# 聋校日常教学用语国家通用手语百句

试行

南京师范大学出版社

图书在版编目（CIP）数据

聋校日常教学用语国家通用手语百句：试行 / 史玉凤，陈蓓琴，陈源清主编 . -- 南京：南京师范大学出版社，2024.9.--（聋校日常用语国家通用手语系列推广手册）.-- ISBN 978-7-5651-6433-0

Ⅰ.H126.3

中国国家版本馆CIP数据核字第20244KN495号

| | |
|---|---|
| 书　　　名 | 聋校日常教学用语国家通用手语百句（试行） |
| 主　　　编 | 史玉凤　陈蓓琴　陈源清 |
| 策划编辑 | 彭　茜 |
| 责任编辑 | 于丽丽 |
| 出版发行 | 南京师范大学出版社 |
| 地　　　址 | 江苏省南京市玄武区后宰门西村9号（邮编：210016） |
| 电　　　话 | （025）83598919（总编办）　83598412（营销部）　83373872（邮购部） |
| 网　　　址 | http://press.njnu.edu.cn |
| 电子信箱 | nspzbb@njnu.edu.cn |
| 照　　　排 | 南京凯建文化发展有限公司 |
| 印　　　刷 | 南通印刷总厂有限公司 |
| 开　　　本 | 710毫米×1000毫米　1/16 |
| 印　　　张 | 9.75 |
| 字　　　数 | 135千 |
| 版　　　次 | 2024年9月第1版 |
| 印　　　次 | 2024年9月第1次印刷 |
| 书　　　号 | ISBN 978-7-5651-6433-0 |
| 定　　　价 | 65.00元 |
| 出 版 人 | 张　鹏 |

南京师大版图书若有印装问题请与销售商调换
版权所有　侵犯必究

# 序 言

为贯彻落实中国残联办公厅、教育部办公厅联合印发的《关于加快在特殊教育学校推广国家通用手语和国家通用盲文的通知》，推进招收听力残疾学生的特教学校普遍使用国家通用手语，提高教育教学规范使用通用手语水平，南京特殊教育师范学院中国盲文手语推广服务中心与南京聋校联手，迅速组织力量展开研究，用了不到半年时间，便推出了《聋校日常教学用语国家通用手语百句（试行）》一书。这本教学手册的出版，对于方便师生交流、规范教学语言的使用、提高教学质量，必将产生重要影响。

我在通读全书之后，认为该书有这样几个特点。

**一是方向性**。该书的目标十分清晰，那就是推广国家通用手语，规范聋校教学语言的使用，突破聋生语言教育的瓶颈，全面落实立德树人根本任务。

**二是规范性**。本书所选择的教学常用语通用手语是以《国家通用手语常用词表》（2018年版）、《国家通用手语词典》（2019年版）为主要依据和基本内容，同时参考了华夏出版社出版的数理化等多科教学常用词通用手语书籍中的核心词汇以及龚群虎、杨军辉的《中国手语的汉语转写方案》。研制组还吸收聋人老师参与研制，充分听取他们的意见，以确保日常教学用语的规范性、科学性和可理解性。

**三是实用性**。该书立足课堂教学育人主阵地，从教学每一个环节的沟通交流的需要（包含课前预习、课堂教学、作业练习、考试评价等）到语文、数学、英语、物理、美术等12门国家课程学科教学的需要，精心选择和编排常用教学通用手语，从而使该书具有较强的实用性和可操作性。

**四是可读性**。如书中每个常用句都配有手语打法说明，所有语句都配有图片和视频，图文并茂，形象直观，简便易学。

这些年来，中国盲文手语推广服务中心围绕盲文、手语推广服务这一中心工作，在盲人、聋人普通话水平测试，行业通用手语推广，全媒体国家通用手语普法，中华经典诗文明盲对照读本研制等方面，进行了一系列探索，取得了国家教学成果二等奖的骄人成绩。这次，又及时推出《聋校日常教学用语国家通用手语百句（试行）》一书，速度之快，效率之高，令人赞叹！相信在全面建设社会主义现代化强国新征程中，中国盲文手语推广服务中心一定会不忘初心，牢记使命，赓续努力，持续探索，在国家通用手语和盲文推广应用上取得新的更大成绩。

是为序。

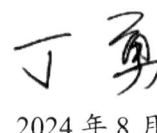

2024 年 8 月

# 前　言

　　手语是听力残疾人（俗称聋人）参与社会生活、沟通交往的主要工具，是聋人相互之间，以及聋人与外界沟通交往的视觉语言。2018年5月，教育部、国家语委、中国残联联合发布《国家通用手语常用词表》，其中明确指出国家通用手语是国家通用语言的丰富和补充，要求在公务活动、学校教育、电视媒体、图书出版等场合或领域中使用《国家通用手语常用词表》中呈现的手语动作。2024年1月，中国残联办公厅、教育部办公厅联合印发《关于加快在特殊教育学校推广国家通用手语和国家通用盲文的通知》（以下简称《通知》），《通知》强调深入贯彻落实党的二十大精神，全面落实习近平总书记关于残疾人事业的重要论述和关于语言文字工作的重要指示批示精神，维护听力和视力残疾人的语言文字权利，并明确，到2025年，全国招收听力残疾学生的特殊教育学校普遍使用国家通用手语，师生掌握国家通用手语达到相应水平，并逐步在教育教学活动中规范使用。

　　南京市聋人学校创建于1927年，是我国第一所公立特殊教育学校。1992年，中国第一所聋人普通高级中学创办，三十多年来持续面向全国招收听障学生。在日常教育教学过程中，学校一线教师普遍认识到，手语的高频更迭、地域差异和方言特性等因素，在一定程度上制约了听障学生教育的高质量发展。作为南京特殊教育师范学院中国盲文手语推广服务中心国家通用手语推广基地学校，南京市聋人学校始终把语言教育作为聋教育的核心任务来落实，在《通知》发布之后，我们积极领会文件精神，委托中国盲文手语推广服务中心组建研制团队，联合研制、编写了"聋校日常用语国家通用手语系列推广手册"丛书，其中，《聋校日常教学用语国家通用手语百句（试行）》是该丛书之分册，致力于为全国聋校或有聋教育的特殊教育学校的日常教学提供规范、标准的手语用语，这是对国家通用手语词汇应用研究的一次实践性探索。

中国盲文手语推广服务中心（以下简称"中心"），是国家语委在南京特殊教育师范学院建立的，从事国家通用盲文、国家通用手语研究与推广的专门机构。长期以来，该中心以促进聋人平等参与和融合发展为宗旨，以推广国家通用手语服务聋人无障碍交流为己任，多方协同开展残疾人语言文字研究与推广，积极推进我国残疾人事业的高质量发展。中心自接受南京市聋人学校委托开始，抓住时机，凝聚多方智慧，历时半年，终于研制完成了《聋校日常教学用语国家通用手语百句（试行）》一书。

本书是国内第一本围绕聋校日常教学用语编写的国家通用手语推广手册。全书内容主要分为三个部分。第一部分为一般教学常用手语，共30句，该部分所选用的日常教学用语包含课前预习、课堂组织、作业反馈、考试评价等教育教学的场景内容，语句简练明晰，有较强的实用性和可操作性。第二部分为学科教学专用手语，共65句，该部分围绕语文、数学、英语、物理、美术等12门国家课程，按照各学科实际教学需要，编制了常用教学用语。如语文学科中的"请同学们有感情地朗读第三段"，数学学科中的"请用直尺测量桌子的长、宽、高"等，都是各学科日常教学中时常用到的语句。使用规范手语表达这些语句，有助于提高师生交流的有效性，提升课堂教学成效。第三部分为其他教学场所常用手语，共25句，包括实验室、图书馆、体育馆/律动室、自习室四个场所的教学管理常用语句，比较全面地展现了聋校校园内各教学场景的日常用语面貌。此外，在语句表达方面，本书采用了汉语语句和手语转写相对应的双语呈现模式，遵循听障学生思维规律及自然手语表达范式，通过对汉语语句进行规范化手语转写，更准确、更直接、更有效地帮助听障学生看懂手语，并理解教学与教学管理的内容，从而有效提升教学品质。

推广使用国家通用手语是一项长期的系统工程。《聋校日常教学用语国家通用手语百句（试行）》的出版，为聋校广大师生提供了学习国家通用手语的材料，以此为抓手，进一步做好培训和推广工作是关键。聋校要把日常教学用语国家通用手语的集中学习和日常教学使用相结合，既要面向全体师生开展专门性、针对性的集中培训，又要注重学以致用，将书中的规范手语切实运用到日常教育教学活动中，还要把国家通用手语的学习使用融入教师教学评价之中。规范使用国家通用手语，是聋校教师的教学基本功，是提升教学成效的重要法宝，更是广大教师义不容辞的责任。

本书以《国家通用手语常用词表》（2018年版）、《国家通用手语词典》（2019年版）为指导，同时参考了由华夏出版社出版的《数学常用词通用手语》《计算机常用词通用手语》《地理常用词通用手语》《美术常用词通用手语》《物理常用词通用手语》《化学常用词通用手语》《生物常用词通用手语》《历史常用词通用手语》《体育与律动常用词通用手语》等书籍中的核心词汇，确保日常教学用语的规范性。此外，本书对各科目常用词中通用手语没有覆盖到的教学手语词汇进行了补充。研制组充分发挥聋人的主体作用，从词到句均经过反复研究、讨论和试验比对，书中每个常用句都配有手语打法说明，对手的位置、掌心（或手背和虎口）朝向、移动方向以及双手交替动作的先后顺序作了具体规定；所有语句都配有图片和视频，可通过二维码扫读，图文并茂，动静结合，一目了然，简便易学。为了便于读者更好地了解本书中手语的具体打法，看懂图片意思，研制组参考了龚群虎、杨军辉2003年草拟的《中国手语的汉语转写方案》及2022年1月的修订版，对书中的一些标记符号作如下说明。

1. 复合词各语素间用"-"连接，如"错误-题"。

2. 词与词之间的界限记作"/"，如"请把黑板擦干净"，手语转写成"黑板/擦/干净"。

3. ①②表示该词目有两种打法，此处标①或②表示采用该词目的第①种打法或第②种打法，如"同意①"，表示采用该词目的第①种打法。

4. 词目后面标（一）或（二），表示此处选用该词目打法中的第一个或第二个手势动作，如"初中（二）"，表示选用该词目的第二个手势动作。

5. 汉语释义后加"+"表示动作反复或名词的复数，手势重复两次，记作"++"；重复两次以上，则记作"+++"。如"题目+++"，表示"各题"；"问++"表示"问一下，问问"；"求/这里/一些②/题目+++/最值"，表示"求下列各题的最值"。

6. 陈述句、疑问句、祈使句分别用汉语标点符号"。""？"和"！"提示；复句的小句间用"，"分隔；句（或短语）中的词界记作"/"。如"已知/圆/半径，求/圆/面积"，汉语表达是"已知圆的半径，求圆的面积"。

7. 当两个单手手势必须同时组合表达时，用"〈 〉"来表示。如"字/〈300+及格〉"，表示"不少于300字"。此处在表达"〈300+及格〉"时需要左右手同时呈现，即左手中指、无名指、小指直立分开，掌心向外，从右向左挥动一下，表示"300"；右手平伸，掌心向上，在左手旁向上移动一下，表示"以上"之意。

8. 当需要描述动作的方向时，则在动词后的"（ ）"里用"→"标明起点与终点，如"放（托盘天平→水平桌面位置）"，指手势动作由托盘天平位置处移向水平桌面位置处，表示"把托盘天平放在水平桌面上"；如果在"（ ）"里加上"位置一""位置二"，则用来表示不同的位置，如"门/窗/关（位置一）/电灯〈灯+关〉（位置二）/要"，表示"要关好门窗和电源"；"（ ）"里还可以加上描述性的内容，如"联系（上下移动）"，表示"双手拇、食指套环，上下移动两下"的意思。

本书所涉及的聋校日常教学用语国家通用手语语句，其使用范围覆盖聋校教学的各个场域。研制组在文本搜集和整理阶段，得到了南京市聋人学校一线教师的鼎力支持，他们提供了许多宝贵意见，其专业见解和实践经验，丰富完善了本书的研制编写内容。

本书研制编写期间，中心主任陈蓓琴教授负责项目策划、框架设计和内容统稿，并与南京市聋人学校党委书记陈源清一起负责统筹协调和出版推广工作；项目具体负责人史玉凤教授负责全书的内容选定、手语翻译、文本呈现和全书统稿；南京市聋人学校副校长花钰锋参与了内容选定工作；中国聋人协会手语研究与推广委员会副主任兼秘书长、中心特聘研究员沈刚（聋），南京特殊教育师范学院特殊教育学院教师戴曼莉（聋）、江苏省聋人协会主席吴耀宇（聋）及江苏省聋协手语委采集组组长袁敏（聋）积极参与了本书的手语转译、手语词汇审核等工作；中心手语主持徐鸣宏（聋）出镜为本书做手语图片及视频示范；南京特殊教育师范学院数学与信息科学学院教师李明扬负责拍摄与视频剪辑；南京特殊教育师范学院特殊教育学院特教2008班本科生周诗琪和冉丽、特教2108班本科生余欣怡、手翻2201班本科生徐梓安及特教2331班方童、李梓漫参与手语图片制作，南京特殊教育师范学院特殊教育学院副教授韩梅、教师刘凯毅负责手语指导及全书内容校对；中国聋协手语委名誉主任邱丽君（聋）参与了全书审校，南京特殊教育师范学院语言学院副教授郭新文统筹全书配套视频；中心副主任陈兵负责项目保障。

国家手语和盲文研究中心专家团队顾定倩、高辉、于缘缘、王晨华、郑璇（聋）、乌永胜（聋）、仇冰（聋）、恒淼（聋）、徐聪（聋）等，对书中《国家通用手语词典》（2019年版）及"各学科常用词通用手语"没有覆盖到的词汇及短语的手语打法进行了集中鉴定，提出了中肯的意见和建设性建议，确保《聋校日常教学用语国家通用手语百句（试行）》既符合手语语言学规范，又切合聋人视觉交流沟通的特点，易于理解和学习。

值此付梓之际，谨向所有参与、关心、支持和帮助《聋校日常教学用语国家通用手语百句（试行）》研制、出版的单位和个人表示衷心的感谢！

正如甘瓜苦蒂，物无全美，我们深知书中还有许多不足之处，诚挚地欢迎专家、学者以及同行们提出批评和建议，以期不断改进和提高。

编　者

2024年7月

# 目 录

## 一、一般教学常用手语

1. 上课，请起立。 003
2. 下课，同学们再见。（扩展词：老师） 003
3. 请大家课前认真复习。 004
4. 今天学习的内容是…… 005
5. 请同学们把书翻到第8页。 005
6. 请积极举手回答问题。 006
7. 请认真思考。 006
8. 分小组讨论。 007
9. 你还有什么问题吗? 007
10. 不懂的题目可以向同学或老师请教。 008
11. 这节课你有什么收获? 009
12. 请把这些内容抄写在笔记本上。（扩展词：课本） 009
13. 请按时完成课堂作业。（扩展词：家庭作业） 011
14. 独立完成作业，不得互相抄袭。 012
15. 错题要及时订正。 012
16. 不要在课桌上乱刻乱画。 013
17. 放学离开教室时，要关好门窗和电源。 014
18. 请把黑板擦干净，讲台整理好。 015
19. 黑板有点反光，请拉上窗帘。 015
20. 教学电脑需要经老师同意后才能开机使用。 016
21. 天冷了，请随手关门。 017
22. 她和我同一个年级。 017

23. 他是物理课代表。（扩展词：语文、数学、英语、生物、地理、政治、历史、体育、计算机、美术） 018
24. 他是班长。（扩展词：学习委员、生活委员、劳动委员、纪律委员、学生会干部） 020
25. 他们一起负责布置板报。（扩展词：壁报） 022
26. 请大家认真复习，下周将进行单元考试。（扩展词：期中、期末） 023
27. 考试前保证充足睡眠，良好心态，合理分配复习时间，预祝大家考出好成绩。 025
28. 进入考场请带好证件，考试时请务必沉着冷静，认真答题不作弊。 027
29. 禁止携带电子产品进入考场。 029
30. 高考志愿填报要合理。 030

# 二、学科教学专用手语

## （一）语文学科

1. 请跟着老师学习写"非"这个字，书写时注意不要倒笔画。 033
2. 请注意区分多音字与形近字，联系具体语境进行辨析。 034
3. 查词典解释这个成语的意思，用成语造句。 035
4. 请同学们有感情地朗读第三段。 036
5. 请同学们默写这首诗。 037
6. 请以"我的家"为题写作文，不少于300字。 038
7. 请赏析文中画线句子的表达效果。 039
8. 这篇文章表达的中心思想是什么？ 040
9. 做阅读题时，要联系上下文进行思考。 041
10. 鉴赏古诗时，要从意象、意境、情感等方面进行分析。 042

## （二）数学学科

11. 请用直尺测量桌子的长、宽、高。 043
12. 已知圆的半径，求圆的面积。 044

13. 今天学习了二元一次方程组的解法。　　　　　　　　　　　　045
14. 用量角器测量∠1的度数。　　　　　　　　　　　　　　　　046
15. 请用基本不等式，求下列各式的最值。　　　　　　　　　　　047
16. 试用作差法，比较这两个数的大小。　　　　　　　　　　　　048
17. 这个命题中的条件 p 和结论 q 之间有怎样的关系？　　　　　049
18. 请求出该函数的定义域和值域。　　　　　　　　　　　　　　050
19. 请归纳出求解一元二次不等式的步骤。　　　　　　　　　　　051
20. 计算我们班数学单元考试的总分和平均分。　　　　　　　　　052

## （三）物理学科

21. 长度的国际单位是米，符号是 m。　　　　　　　　　　　　　053
22. 请把托盘天平放在水平桌面上。　　　　　　　　　　　　　　054
23. 请同学们观察弹簧测力计指针的位置。　　　　　　　　　　　055
24. 画出这道题的光路图。　　　　　　　　　　　　　　　　　　056
25. 请同学们分别用公式法和图像法，写出解题步骤。　　　　　　056

## （四）英语学科

26. Put it/them into Chinese. 把它／它们译成汉语。　　　　　058
27. Can you find the mistakes in this sentence? 你能找出这句话中的错误吗？　058
28. Practice the dialogue in pairs, please. 请两人一组练习这个对话。　059
29. Now Tom will be A and I will be B. 现在汤姆演 A，我演 B。　060
30. Tomorrow we'll have a dictation. 明天我们将进行默写。　　061

## （五）美术学科

31. 课前，请同学们准备好画笔、画纸、画板和画夹等。　　　　　062
32. 这节素描课，我们绘制石膏像，先观察脸部轮廓。　　　　　　063
33. 优秀绘画作品要求构图合理，色彩搭配和谐，有自己的创意。　064
34. 今天我们去参观美术馆，这里展出了我们学校学生的优秀作品。　066
35. 星期天，高一年级美术班去公园写生，请带上画箱等工具。　　068

## （六）计算机学科

36. 计算机系统由硬件系统和软件系统组成。　070
37. 打开主机电源，选择桌面上 EXCEL 图标，双击鼠标左键，打开软件。　071
38. 这个星期，我们用 WORD 设计和制作一份电子小报，主题是"感恩"。　072
39. 创客教室里面有 3D 打印机、机器人、激光雕刻机、人工智能设备等。　074
40. 我们学校的 iCode 编程社团获得了六枚国际金牌。　076

## （七）体育学科

41. 请大家去取运动器材。（扩展词：篮球、排球、羽毛球、乒乓球、跳绳）　077
42. 请把垫子抬到跳高场地，做好准备活动，防止受伤。　079
43. 集合，稍息，立正，向右看齐，报数。　080
44. 今天这节课，我们学习中长跑。（扩展词：跨栏跑、快速跑）　080

## （八）地理学科

45. 读地图，看图例，你能获得哪些地理信息？　082
46. 请从半球位置、海陆位置、经纬度位置三个角度，来描述这个国家的地理位置。　083
47. 请从气温和降水的角度，描述该地区气候的特点。　085
48. 结合生活实际，为该地区生态环境可持续发展提出建议。　086

## （九）化学学科

49. 请举例说明，这个化学概念在生活中的体现和应用。　088
50. 请区分以下现象，哪些属于化学变化，哪些属于物理变化？　089
51. 这个物质的主要成分是什么？含有哪些组成元素？　090
52. 画出 1—18 号元素的原子结构示意图，阅读元素周期表的结构。　092
53. 请配平这个化学方程式，书写时要遵守质量守恒定律。　094

## （十）思政学科

54. 请结合案例，对案例中人物的行为进行评价。　096
55. 在交流过程中，请大家倾听他人的观点，尊重不同的意见。　097

56. 请大家整理和归纳今天所学的内容。 098
57. 开展社会调查，探究问题的解决方案。 099

## （十一）历史学科

58. 请同学们阅读本单元序言，了解学习的主要内容。 100
59. 哪位同学谈谈这一历史事件的背景？ 101
60. 请同学们看视频，进一步了解法国大革命爆发的情况。 102
61. 请同学们结合地图，认识罗马帝国是如何扩张的。 103

## （十二）生物学科

62. 这节课，我们一起来探究生物具有哪些共同的特征。 104
63. 请根据植物细胞结构示意图回答问题。 106
64. 请根据上述材料，画出这片森林的食物网，其中至少包含三条食物链。 107
65. 这学期活动课的内容是"生活中的生命科学"，探索自然奥妙，解密生命之谜。 109

# 三、其他教学场所常用手语

## （一）实验室

1. 请大家分组做实验，合作完成任务。 113
2. 请同学们仔细观察并记录，认真填写实验手册。 114
3. 记录实验数据时，既要有数字，还要有单位。 115
4. 比较不同实验方法的优缺点。 116
5. 实验过程中要注意安全，如果发生意外，要及时报告老师。 117
6. 做完实验，请将器材洗刷后，放到原来的位置。 118

## （二）图书馆

7. 图书馆开放时间为周一到周五，早上九点至下午五点。 119
8. 请按照图书分类目录查找图书。 120

9. 借书时要带借阅卡。 121

10. 每位同学每次最多可借阅三本图书,借阅时间为一个月。 122

11. 爱护图书,如果损坏图书需照价赔偿。 123

12. 放假前请归还图书。(扩展词:毕业) 124

## (三)体育馆/律动室

13. 我们到体育馆上课,练习跳绳。 125

14. 请大家快速集合,保持队形整齐。 126

15. 认真观看老师做示范,记住动作要领。 127

16. 运动前先热身,运动后请及时添加衣物。 128

17. 如有身体不适,请及时报告老师。 129

18. 进入律动教室前,请换好练功鞋。 130

19. 律动教室内禁止倚靠把杆、镜子。 131

## (四)自习室

20. 不能穿背心、拖鞋进入自习教室。 132

21. 因病不能上晚自习的同学,需要提前向班主任和生活老师请假。 133

22. 请保持安静,不得大声喧哗,随意走动。 135

23. 不要将食物带入自习教室。 136

24. 有问题,可以问指导老师。 137

25. 自习结束后,请值日生打扫卫生。 138

# 一、一般教学常用手语

## 1. 上课，请起立。

☞ 手语：上课，起立。

上课

起立

## 2. 下课，同学们再见。（扩展词：老师）

☞ 手语：下课，同学①-大家/再见。

下课

同学①-大家

再见

## 扩展词：老师

老师

## 3. 请大家课前认真复习。

手语：大家 / 上课－提前① / 认真 / 复习。

大家　　　　　上课－提前①

认真　　　　　复习

### 4. 今天学习的内容是……

手语：今天 / 学习① / 内容 / 是

今天　　　学习①　　　内容　　　是

### 5. 请同学们把书翻到第 8 页。

手语：同学① - 大家 / 书 / 页 /P/8。

同学① - 大家

书　　　页　　　P　　　8

## 6. 请积极举手回答问题。

手语：请/积极/承认/答案（一）。

请　　　　积极　　　　承认　　　　答案（一）

## 7. 请认真思考。

手语：请/认真/思考。

请　　　　认真　　　　思考

## 8. 分小组讨论。

手语：分开②－组/讨论。

分开②－组　　　　　讨论

## 9. 你还有什么问题吗?

手语：你/还－有/什么/问题?

你　　　　　还－有

什么　　　　问题?

## 10. 不懂的题目可以向同学或老师请教。

手语：题目②/不懂/问/同学①/或/老师/可以。

题目②　　　　不懂

问　　　　同学①

或　　　　老师　　　　可以

## 11. 这节课你有什么收获？

手语：这里－课／你／收获／有／什么？

这里－课　　　　　　　　你

收获　　　　有　　　　什么？

## 12. 请把这些内容抄写在笔记本上。（扩展词：课本）

手语：这－一些②（二）／内容／抄写／笔记本／这里。

这－一些②（二）　　　　内容

抄写

笔记本　　　　　　　这里

## 扩展词：课本

课本

## 13. 请按时完成课堂作业。（扩展词：家庭作业）

手语：请/按时/完成/课堂/作业。

请　　　　　按时　　　　　完成

课堂　　　　　　　作业

## 扩展词：家庭作业

家庭　　　　　作业

## 14. 独立完成作业，不得互相抄袭。

手语：作业/自己/完成，互相/抄写（一）++/不行②。

## 15. 错题要及时订正。

手语：错误－题/立刻/改正/要。

改正　　　　　要

## 16. 不要在课桌上乱刻乱画。

手语：课－桌子／这里／木刻（二）／绘画／不。

课－桌子　　　　　这里

木刻（二）　　绘画　　　不

## 17. 放学离开教室时,要关好门窗和电源。

手语:放学 / 教室 / 〈房 + 出〉,门 / 窗 / 关(位置一)/ 电灯 / 〈灯 + 关〉(位置二)/ 要。

放学      教室

〈房 + 出〉    门    窗    关(位置一)

电灯    〈灯 + 关〉(位置二)    要

## 18. 请把黑板擦干净,讲台整理好。

手语:黑板/擦/干净,说-台/整理/好。

## 19. 黑板有点反光,请拉上窗帘。

手语:黑板/闪耀/有,窗-布/拉(仿拉窗帘的动作)。

窗－布　　　　　　　拉（仿拉窗帘的动作）

## 20. 教学电脑需要经老师同意后才能开机使用。

手语：教室 / 计算机 / 老师 / 同意① / 打开 / 可以。

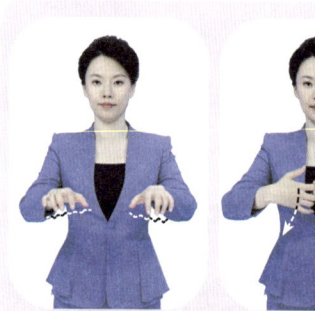

教室　　　　　　　　　计算机

老师　　　　同意①　　　　打开　　　　可以

## 21. 天冷了,请随手关门。

手语:天气(一)/冷,〈房+交际〉/关。

天气(一)　　　冷　　　〈房+交际〉　　　关

## 22. 她和我同一个年级。

手语:她/我/年级①/相同。

她　　　我

年级①　　　相同

## 23. 他是物理课代表。（扩展词：语文、数学、英语、生物、地理、政治、历史、体育、计算机、美术）

手语：他 / 是 / 物理 / 课－代表。

他　　　　　是　　　　　物理

课－代表

扩展词：语文、数学、英语、生物、地理、政治、历史、体育、计算机、美术

语文　　　　　　　　　数学

英语　　　　　　　　　生物①

地理　　　　政治　　　历史

体育　　　　　计算机

美术②

## 24. 他是班长。（扩展词：学习委员、生活委员、劳动委员、纪律委员、学生会干部）

手语：他 / 是 / 班① - 领导。

他　　　　　是　　　　　班① - 领导

**扩展词：学习委员、生活委员、劳动委员、纪律委员、学生会干部**

学习①－委员

生活－委员

劳动－委员

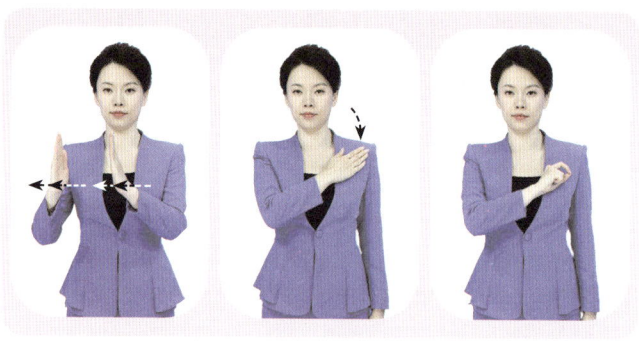

纪律－委员

学生－会－干部

## 25. 他们一起负责布置板报。（扩展词：壁报）

手语：板报／他们／一起／负责／布置。

板报

他们

一起　　　　　负责　　　　　布置

**扩展词：壁报**

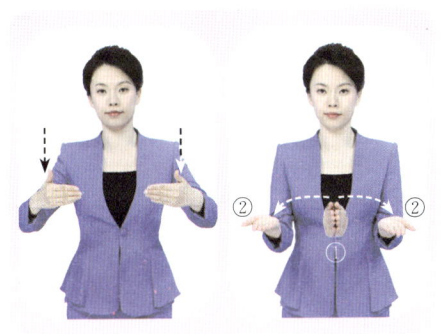

壁报

## 26. 请大家认真复习，下周将进行单元考试。（扩展词：期中、期末）

手语：大家/认真/复习，下－一周/要/单元/考试②。

大家　　　　认真　　　　　复习

下－一周　　　要

单元　　　考试②

**扩展词：期中、期末**

期间－初中（二）　　　期间－最后

## 27. 考试前保证充足睡眠,良好心态,合理分配复习时间,预祝大家考出好成绩。

手语:考试②/提前①/保证/睡眠/充足,心-状态/好,复习/时间/安排/好,提前①/祝/大家/考试②/胜利①。

考试②　　　提前①　　　保证　　　睡眠　　　充足

心-状态　　　　　　好

复习　　　　　　时间

安排　　　　　好

提前①　　　　祝

大家　　　考试②　　　胜利①

## 28. 进入考场请带好证件，考试时请务必沉着冷静，认真答题不作弊。

👉 手语：考试②-广场/〈房+进〉/请/拿/证明②（二）-东西①，考试②/时/冷静/要，认真/写字/作弊/禁止②。

考试②-广场　　　　〈房+进〉

请　　　　拿　　　　证明②（二）-东西①

考试②　　　　时

冷静　　　　要

认真　　　　写字

作弊　　　　禁止②

## 29. 禁止携带电子产品进入考场。

手语：电子 / 产品 / 拿 / 考试② - 广场 /〈房 + 进〉/ 禁止②。

电子　　　　　　　　　　产品

拿　　　　　　考试② - 广场

〈房 + 进〉　　　禁止②

## 30. 高考志愿填报要合理。

手语：高－考试②/志愿/报名/符合－道理①（二）/要。

高－考试②

志愿　　　　　　报名

符合－道理①（二）　　　　要

# 二、学科教学专用手语

# （一）语文学科

## 1. 请跟着老师学习写"非"这个字，书写时注意不要倒笔画。

> 手语：跟 / 老师 / 学习① / 是非①（二）/ 这里 / 字，写字（可根据实际表示写字的动作）/ 时 / 笔画 / 顺序 / 错误 / 不。

## 2. 请注意区分多音字与形近字，联系具体语境进行辨析。

> 手语：多－发音－字／样子－近－字／分析／注意①，联系／具体／语言－环境／分析。

多－发音－字

样子－近－字　　　　　　　　分析

注意①　　　　联系　　　　具体

语言－环境　　　　　分析

## 3. 查词典解释这个成语的意思，用成语造句。

手语：检查 / 词典 / 看① / 成语 / 意思，用 / 这里 / 造句。

检查 　　　　　词典 　　　　　看① 　　　　　成语

意思 　　　用 　　　这里 　　　造句

## 4. 请同学们有感情地朗读第三段。

> 手语：同学①－大家 / 有 / 感情 / 读书 / 第三 / 段落（就表示某一段不用移动）。

同学①－大家

有　　　　　感情　　　　　读书

第三　　　　段落

## 5. 请同学们默写这首诗。

手语：同学①－大家/默写/这里/诗。

同学①－大家

默写

这里

诗

## 6. 请以"我的家"为题写作文,不少于300字。

手语:题目①/我-的-家/写字/作文,字/〈300+及格〉。

题目①　　　　　　　　我-的-家

写字　　　　　　　　作文

字　　　　　　〈300+及格〉

## 7. 请赏析文中画线句子的表达效果。

手语：请/欣赏－分析/段落/〈句子＋横〉/表达②/效果。

请　　　　　　　欣赏－分析

段落　　　　〈句子＋横〉　　　表达②

效果

## 8. 这篇文章表达的中心思想是什么?

手语:这里 / 文章 / 表达② / 中央(一)- 心 - 思想 / 是 / 什么?

　　　这里　　　　　　　　　文章　　　　　　　　表达②

中央(一)- 心 - 思想

　　　是　　　　　　　什么?

## 9. 做阅读题时,要联系上下文进行思考。

手语:写字 / 阅读 / 题目② ,要 / 联系(上下移动)/ 段落－上－下 / 思考。

写字　　　　　阅读　　　　　题目②

要　　　　联系(上下移动)

段落－上－下　　　　　　　思考

## 10. 鉴赏古诗时，要从意象、意境、情感等方面进行分析。

> 手语：欣赏/古代（一）-诗/时，要/从/意思-形象（二）、意思-环境、感情/一些②（二）/分析。

欣赏

古代（一）-诗

时

要

从

意思-形象（二）

意思-环境

感情

一些②（二）

分析

## （二）数学学科

**11.** 请用直尺测量桌子的长、宽、高。

手语：用/直尺/测量②/桌子/长、宽、高。

用　　　　　　　　　直尺

测量②　　　　　　　桌子

长　　　　宽　　　　高

## 12. 已知圆的半径，求圆的面积。

手语：已知 / 圆 / 半径，求 / 圆 / 面积。

已知　　　　　圆

半径

求　　　　圆　　　　　　面积

## 13. 今天学习了二元一次方程组的解法。

手语：今天 / 学习① / 了 / 二元 - 一次 / 方程组 / 解法。

今天

学习①

了

二元 - 一次

方程组

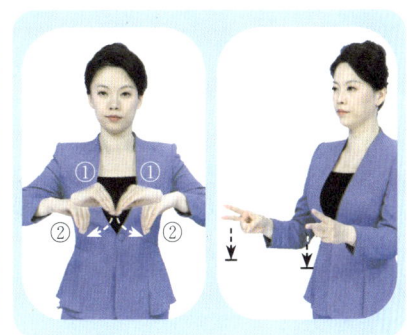
解法

## 14. 用量角器测量∠1的度数。

手语：用 / 量角器 / 测量② /〈角 +1〉/ 度数。

用

量角器

测量②

〈角 +1〉

度数

## 15. 请用基本不等式，求下列各式的最值。

手语：用 / 基本 / 不等式，求 / 这里 / 一些②（二）/ 题目 +++/ 最值。

## 16. 试用作差法，比较这两个数的大小。

手语：尝试 / 用 / 做 − 差别 − 法，比较 / 彼此 / 数 / 大 / 小。

尝试　　　　　用

做 − 差别 − 法　　　　　比较

彼此　　　数　　　大　　　小

## 17. 这个命题中的条件 p 和结论 q 之间有怎样的关系?

手语：这里 / 命题② / 内 / 条件 /p/ 结论 /q/ 彼此 / 关系 / 什么?

## 18. 请求出该函数的定义域和值域。

手语：求 / 这里 / 函数 / 定义域 / 值域。

求

这里

函数

定义域

值域

## 19. 请归纳出求解一元二次不等式的步骤。

手语：归纳 / 一元 - 二次 - 不等式 / 求 - 解 / 步骤。

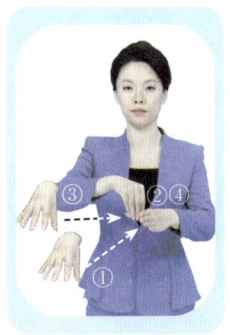

归纳

一元 - 二次 - 不等式

求 - 解

步骤

## 20. 计算我们班数学单元考试的总分和平均分。

手语：计算 / 我们 - 班① / 数学 / 单元 / 考试② / 总计（一）- 分数 / 平均 - 分数。

计算　　　　　　　　我们 - 班①

数学　　　　　　　　单元　　　　　　考试②

总计（一）- 分数　　　　　　平均 - 分数

## （三）物理学科

**21. 长度的国际单位是米，符号是 m。**

手语：长度 / 国际② / 单位 / 是 / 米，符号 / 是 /m。

## 22. 请把托盘天平放在水平桌面上。

手语：拿 / 托盘天平 / 水平 - 桌子 / 放（托盘天平→水平桌面位置）。

拿　　　　　　　托盘天平

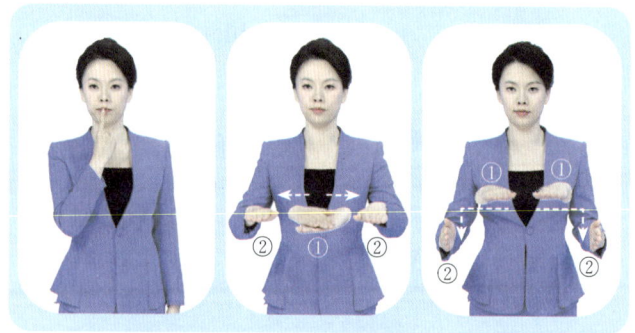

水平 - 桌子

放（托盘天平→水平桌面位置）

## 23. 请同学们观察弹簧测力计指针的位置。

手语：同学①－大家／看①／弹簧测力计。

同学①－大家

看①

弹簧测力计

## 24. 画出这道题的光路图。

手语：绘画 / 这里 / 题目② / 光路可逆（一）(二) - 图画。

绘画　　　这里　　　题目②

光路可逆（一）(二) - 图画

## 25. 请同学们分别用公式法和图像法，写出解题步骤。

手语：同学① - 大家 / 用 / 公式 - 方法（二）/ 图像 - 方法（二），分开 / 写字 / 解 - 题目② / 步骤。

同学① - 大家　　　　　　　　　用

## 二、学科教学专用手语

公式－方法（二）

图像－方法（二）　　　　　　　分开

写字　　　　解－题目②　　　　步骤

## （四）英语学科

**26. Put it/them into Chinese. 把它 / 它们译成汉语。**

手语：(指示) / 翻译 / 汉语拼音（一）(二)。

（指示）　　　翻译　　　汉语拼音（一）(二)

**27. Can you find the mistakes in this sentence? 你能找出这句话中的错误吗？**

手语：(指示) / 句子 / 错误 / 有 / 你 / 找 / 可以？

（指示）　　　句子　　　错误　　　有

你　　　　找　　　　可以?

## 28. Practice the dialogue in pairs, please. 请两人一组练习这个对话。

手语：人 / 2 / 1 / 组 / 对话 / 练习。

人　　　　2　　　　1　　　　组

对话　　　　练习

## 29. Now Tom will be A and I will be B. 现在汤姆演 A，我演 B。

手语：现在 /Tom/ 表演 /A（位置一），我 / 表演 /B（位置二）。

现在

Tom

表演

A（位置一）

我

表演

B（位置二）

## 30. Tomorrow we'll have a dictation. 明天我们将进行默写。

手语：明天 / 我们 / 要 / 默写。

## （五）美术学科

### 31. 课前，请同学们准备好画笔、画纸、画板和画夹等。

手语：课/提前①，同学①-大家/绘画-笔/绘画-纸/画板/画夹/种类（一）/准备/安全（二）。

课

提前①

同学①-大家

绘画-笔

绘画-纸

画板

二、学科教学专用手语

画夹

种类(一)

准备

安全(二)

### 32. 这节素描课，我们绘制石膏像，先观察脸部轮廓。

手语：这里/素描/课，我们/绘画/石膏像，首先/观察/脸/〈脸+轮廓线(一)〉。

这里

素描

课
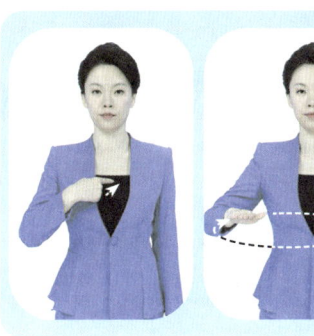
我们

绘画

石膏像

| 首先 | 观察 | 脸 | 〈脸+轮廓线（一）〉 |

## 33. 优秀绘画作品要求构图合理，色彩搭配和谐，有自己的创意。

手语：优秀/绘画/作品/要求/构图/符合-道理（二），色彩/搭配/合适②，有/自己/创意（一）。

| 优秀 | 绘画 | 作品 |

要求

二、学科教学专用手语

构图

符合-道理（二）

色彩

搭配

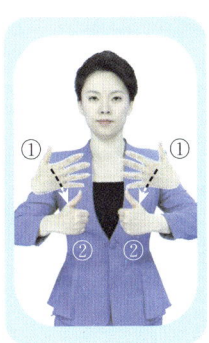
合适②

有

自己

创意（一）

## 34. 今天我们去参观美术馆，这里展出了我们学校学生的优秀作品。

手语：今天 / 我们 / 去 / 参观 / 美术② - 馆，这里 / 展示 / 我们 / 学校 / 学生 / 优秀 / 作品。

今天

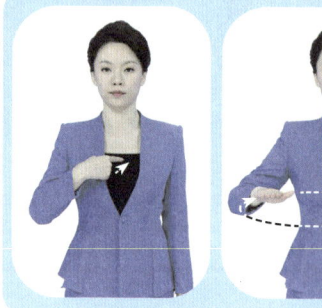
我们

去

参观

美术② - 馆

这里

展示

二、学科教学专用手语

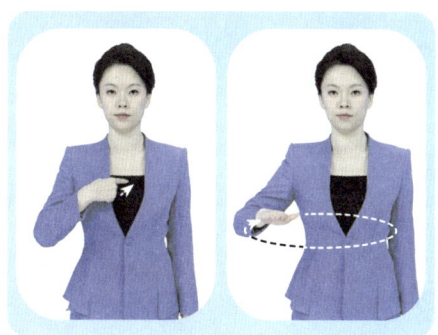

我们

学校　　　　　　学生

优秀　　　　　　作品

## 35. 星期天,高一年级美术班去公园写生,请带上画箱等工具。

手语:星期天,高一/美术②-班①/去/公园/写生,带/画箱/种类(一)。

星期天　　　　　　　　　　高一

美术②-班①

 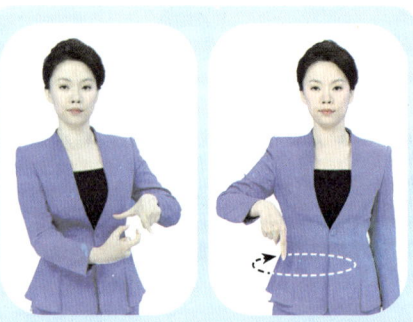 

去　　　　　　公园　　　　　　写生

二、学科教学专用手语

带　　　　　　　　　　画箱

种类（一）

## （六）计算机学科

### 36. 计算机系统由硬件系统和软件系统组成。

手语：计算机 / 系统 / 是 / 硬件 / 系统 / 和 / 软件 / 系统 / 组成。

计算机　　　　　系统　　　　　是

硬件　　　　　系统　　　　　和

软件　　　　　系统　　　　　组成

## 37. 打开主机电源,选择桌面上 EXCEL 图标,双击鼠标左键,打开软件。

手语:主机 / 按钮,桌面 / 找 /EXCEL/ 图标,双击 / 打开。

主机　　　　　按钮

桌面　　　　　找　　　　　EXCEL

图标　　　　　双击　　　　打开

## 38. 这个星期，我们用 WORD 设计和制作一份电子小报，主题是"感恩"。

手语：现在／一星期，我们／用／WORD／设计／做／电子／小／报纸，主题／是／感恩。

现在

一星期

我们

用

WORD

设计

做

## 二、学科教学专用手语

电子　　　　　小　　　　　报纸

主题

是　　　　　　感恩

## 39. 创客教室里面有 3D 打印机、机器人、激光雕刻机、人工智能设备等。

手语：创造（一）-K/ 教室 / 有 /3D- 打印机、机器人、激光 - 雕刻 - 机器、人工智能 / 种类（一）。

创造（一）- K　　　　　　　教室

有　　　　　　　3D - 打印机

机器人

二、学科教学专用手语

激光－雕刻－机器

人工智能

种类（一）

## 40. 我们学校的 iCode 编程社团获得了六枚国际金牌。

手语：我们 / 学校 /iCode/ 编程 / 社会①－团 / 夺 / 国际② / 金牌 / 数 -6。

我们　　　　　　　　　学校

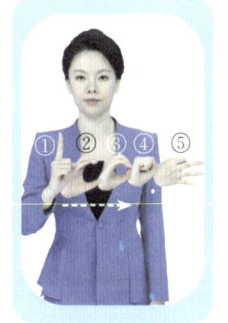   

iCode　　　　　编程　　　　　社会①－团　　　　　夺

国际②　　　　　金牌　　　　　数－6

## （七）体育学科

**41.** 请大家去取运动器材。（扩展词：篮球、排球、羽毛球、乒乓球、跳绳）

手语：大家 / 去 / 拿 / 运动 / 器材。

大家　　　　　去　　　　　拿

运动　　　　　　器材

# 扩展词：篮球、排球、羽毛球、乒乓球、跳绳

篮球

排球

羽毛球

乒乓球

跳绳

## 42. 请把垫子抬到跳高场地,做好准备活动,防止受伤。

手语:垫子/〈垫子+移动〉/跳高/场地,准备/活动/做-好,扭伤/防止。

垫子　　〈垫子+移动〉　　跳高　　场地

准备　　活动

做-好　　扭伤　　防止

**43. 集合，稍息，立正，向右看齐，报数。**

手语：集合，稍息，立正，向右看齐，报数。

**44. 今天这节课，我们学习中长跑。（扩展词：跨栏跑、快速跑）**

手语：今天/这里/课，我们/学习①/中长跑。

二、学科教学专用手语

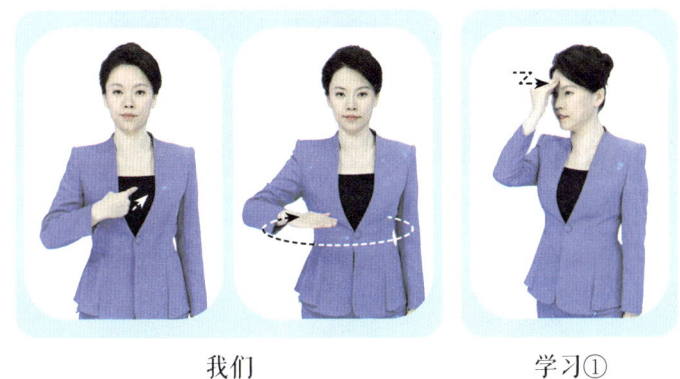

我们　　　　　　　学习①

中长跑

扩展词：跨栏跑、快速跑

跨栏跑　　　　　　快速跑

## （八）地理学科

### 45. 读地图，看图例，你能获得哪些地理信息？

手语：看①/地图②/图例，地理－信息/你/效益/什么？

看①　　　　　地图②　　　　　　　　　　图例

  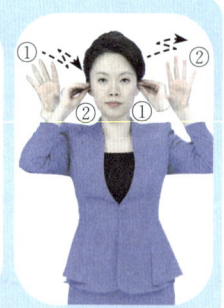

地理－信息

你　　　　　　效益　　　　　　什么？

**46.** 请从半球位置、海陆位置、经纬度位置三个角度,来描述这个国家的地理位置。

> 手语:北半球(二)-位置/海陆变迁(一)(二)-位置/经纬度-位置,哪些①(一)-3/请/描述/这里/国家/地理/位置。

北半球(二)-位置

海陆变迁(一)(二)-位置

经纬度-位置

哪些①（一）- 3　　　　　请

描述　　　　　这里

国家　　　　　地理　　　　　位置

## 47.请从气温和降水的角度,描述该地区气候的特点。

手语:气温曲线(一)(二)/降水量(一)(二)/他俩/描述/这里/地区界(一)(二)/气候/特点。

气温曲线(一)(二)

降水量(一)(二)

他俩

描述

这里

地区界(一)(二)

气候

特点

## 48. 结合生活实际,为该地区生态环境可持续发展提出建议。

手语:联系/实际①/生活,给/这里/地-区域(一)/生态环境/可以-一直-发展/提议。

联系

实际①

生活

给

这里

地-区域(一)

二、学科教学专用手语

生态环境

可以－一直－发展

提议

## （九）化学学科

**49.** 请举例说明，这个化学概念在生活中的体现和应用。

手语：举例 / 说明，这里 / 化学 / 概念 / 在 / 生活 / 内 / 体现 / 用。

举例　　　　　说明　　　　　这里

化学　　　　　概念　　　　　在

生活　　　内　　　体现　　　用

## 50. 请区分以下现象，哪些属于化学变化，哪些属于物理变化？

手语：分析/现象，哪些①/属于③/化学/变化，哪些①/属于③/物理/变化？

分析　　　　　　现象

哪些①　　　　　　属于③

化学　　　　　　变化？

哪些①

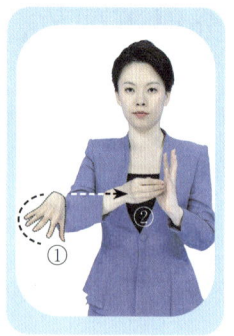
属于③

物理

变化？

## 51. 这个物质的主要成分是什么？含有哪些组成元素？

手语：这里 / 物质① / 主要 / 成分（二）/ 是 / 什么？包含 / 元素 / 哪些①？

这里

物质①

主要

成分（二）　　　是　　　　什么？

包括　　　　　　　　元素

哪些①？

## 52. 画出 1—18 号元素的原子结构示意图，阅读元素周期表的结构。

手语：绘画 /〈1+ 横 +18〉/ 号召（一）/ 元素 / 原子 / 结构 / 展示（二）- 图画，阅读 / 元素周期表 / 结构。

绘画　　　〈1+ 横 +18〉　　　号召（一）

元素　　　　　　　原子

结构

展示（二）- 图画

二、学科教学专用手语

阅读

元素周期表

结构

## 53. 请配平这个化学方程式,书写时要遵守质量守恒定律。

手语:配平 / 这里 / 化学 / 方程式,写字 / 时间 / 遵守 / 质量守恒定律 / 要。

配平

这里

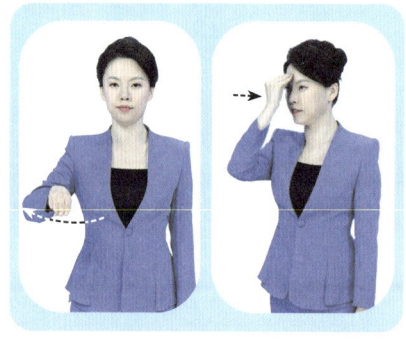

化学

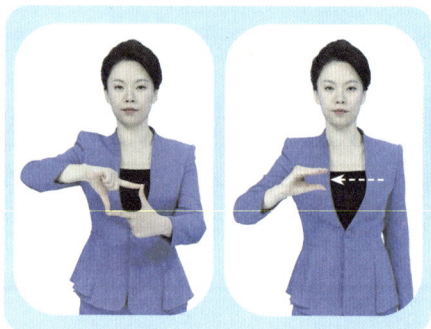

方程式

写字

时间

二、学科教学专用手语

遵守

质量守恒定律

要

# （十）思政学科

## 54. 请结合案例，对案例中人物的行为进行评价。

手语：联系 / 事情② - 例子，对待 / 事情② - 例子 / 内 / 人物 / 行为 / 评价。

联系　　　　　　事情② - 例子

对待　　　　事情② - 例子　　　　内

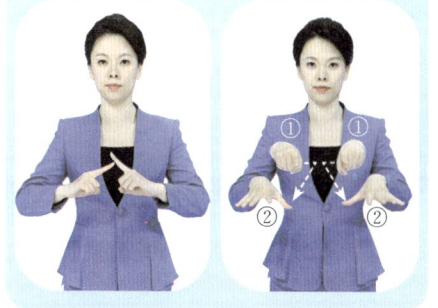  

人物　　　　　行为　　　　评价

## 二、学科教学专用手语

**55.** 在交流过程中，请大家倾听他人的观点，尊重不同的意见。

手语：交流 / 过程，请 / 大家 / 听 / 他人 / 观点，尊重 / 不同 / 意见。

交流　　　　　　过程

请　　　　　大家　　　　　听

他人　　　　　　　　观点

尊重　　　不同　　　意见

## 56. 请大家整理和归纳今天所学的内容。

手语：今天 / 学习① / 内容 / 大家 / 整理 / 归纳。

今天　　　学习①　　　内容

大家　　　整理　　　归纳

## 57. 开展社会调查，探究问题的解决方案。

手语：开展 / 社会① / 调查，探究 / 问题 / 解决 / 方案。

开展

社会①

调查

探究

问题

解决

方案

## （十一）历史学科

### 58. 请同学们阅读本单元序言，了解学习的主要内容。

手语：同学①－大家／阅读／这里／单元／序言，了解①／学习①／内容。

同学①－大家　　　阅读　　　这里

单元　　　序言

了解①　　　学习①　　　内容

## 59. 哪位同学谈谈这一历史事件的背景?

手语:这里 / 历史 / 事件② / 背景 / 谁 / 发言①?

这里

历史

事件②

背景

谁

发言①?

## 60. 请同学们看视频,进一步了解法国大革命爆发的情况。

手语:同学①-大家/看①/视屏,深/了解①/法国/大-革命/爆发/情况。

同学①-大家　　看①　　视屏

深　　了解①　　法国

大-革命　　爆发　　情况

## 61. 请同学们结合地图,认识罗马帝国是如何扩张的。

手语:同学①-大家/联系/地图②,了解①/罗马-帝国主义(一)/地图①-扩大/情况。

同学①-大家　　　　　　　　联系

地图②　　　　　　　了解①

罗马-帝国主义(一)　　　　地图①-扩大　　　　情况

## （十二）生物学科

### 62. 这节课，我们一起来探究生物具有哪些共同的特征。

手语：这里 / 课，我们 / 一起 / 探究 / 生物① / 共同 / 特征 / 有 / 哪些①？

这里

课

我们

一起

探究

生物①

二、学科教学专用手语

共同

特征

有　　　　　哪些①?

## 63. 请根据植物细胞结构示意图回答问题。

手语：根据 / 植物 / 细胞 / 结构 / 展示（二）- 图画 / 答案（一）。

根据

植物

细胞

结构

展示（二）- 图画

答案（一）

## 64. 请根据上述材料,画出这片森林的食物网,其中至少包含三条食物链。

手语:根据/描述/材料①,绘画/森林/食物网,包含/食物链/〈3+ 及格〉。

根据　　　　描述

材料①　　　绘画

森林

食物网

包含

食物链 〈3＋及格〉

## 65. 这学期活动课的内容是"生活中的生命科学",探索自然奥妙,解密生命之谜。

手语:现在/学期/活动－课/是/标题①/生活/内/生命/科学,探索/自然/奥秘,研究/生命/谜语(一)。

现在

学期

活动－课

是

标题①

生活

内

生命

科学

探索

自然

奥秘

研究

生命

谜语（一）

# 三、其他教学场所常用手语

## （一）实验室

**1.** 请大家分组做实验，合作完成任务。

手语：大家 / 分开② - 组 / 做 / 实验① , 合作 / 完成 / 任务。

大家　　　　　　　　分开② - 组

做　　　　　　实验①

 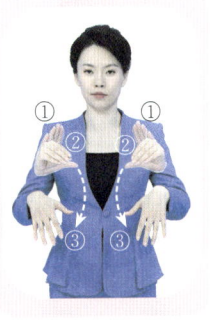 

合作　　　　　　完成　　　　　　任务

## 2. 请同学们仔细观察并记录，认真填写实验手册。

手语：同学①－大家 / 仔细 / 观察 / 记录①，认真 / 写字 / 实验① / 手册。

## 3. 记录实验数据时,既要有数字,还要有单位。

手语:记录① / 实验① / 数据,数字 / 要,单位 / 要。

记录①　　　实验①　　　数据

数字　　　　　　要

单位　　　要

## 4. 比较不同实验方法的优缺点。

手语：不同 / 实验① / 方法 / 优点 / 缺点 / 比较。

不同

实验①

方法

优点

缺点

比较

## 三、其他教学场所常用手语

**5.** 实验过程中要注意安全,如果发生意外,要及时报告老师。

手语:实验①/过程/注意②/安全/要,如果/出事,立刻/报告/老师。

## 6. 做完实验，请将器材洗刷后，放到原来的位置。

手语：实验①/完成/器材/洗/了，放/位置②/依旧。

实验①　　　　　完成

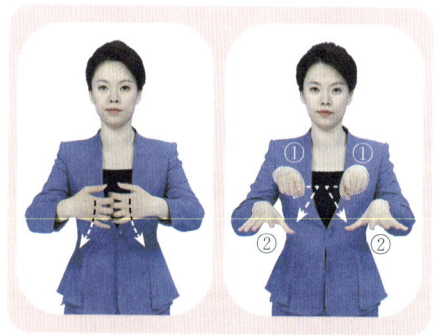

器材　　　　　洗　　　　　了

放　　　　　位置②　　　　依旧

## （二）图书馆

### 7. 图书馆开放时间为周一到周五，早上九点至下午五点。

手语：图书馆/开放②/时间/星期一②/横/星期五②，早上①/〈九+小时〉/横/下午②/〈五+小时〉。

图书馆　　开放②　　时间

星期一②　　横　　星期五②　　早上①

〈九+小时〉　　横　　下午②　　〈五+小时〉

## 8. 请按照图书分类目录查找图书。

手语：按照 / 图书馆（一）/ 种类 / 目录 / 找 / 图书馆（一）。

按照

图书馆（一）

种类

目录

找

图书馆（一）

## 9. 借书时要带借阅卡。

手语：借①－书/时间，带①/借①－阅读－卡①/要。

借①－书　　　　　时间

带①　　　　　借①－阅读－卡①

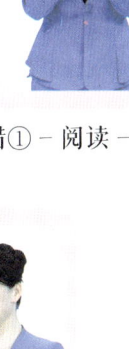

要

## 10. 每位同学每次最多可借阅三本图书，借阅时间为一个月。

手语：人 / 每 / 最② - 多 / 借① / 书 / 三，借① - 阅读 / 时期 / 一个月。

人 　　　　每 　　　　最② - 多

借① 　　　　书 　　　　三

借① - 阅读

时期

一个月

## 11. 爱护图书,如果损坏图书需照价赔偿。

手语:爱护 / 图书馆(一), 如果 / 破坏① / 按照 / 价格 / 赔偿 / 要。

爱护

图书馆(一)

如果

破坏①

按照

价格

赔偿

要

## 12. 放假前请归还图书。（扩展词：毕业）

> 手语：放假/提前①，图书馆（一）/还（对方→自身）。

放假

提前①　　　　　图书馆（一）　　　还（对方→自身）

**扩展词：毕业**

毕业

## （三）体育馆／律动室

### 13. 我们到体育馆上课，练习跳绳。

手语：我们 / 到 / 体育馆 / 上课，练习 / 跳绳。

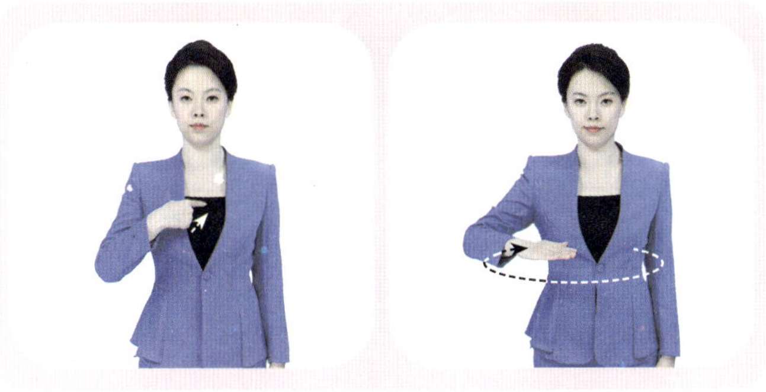

我们

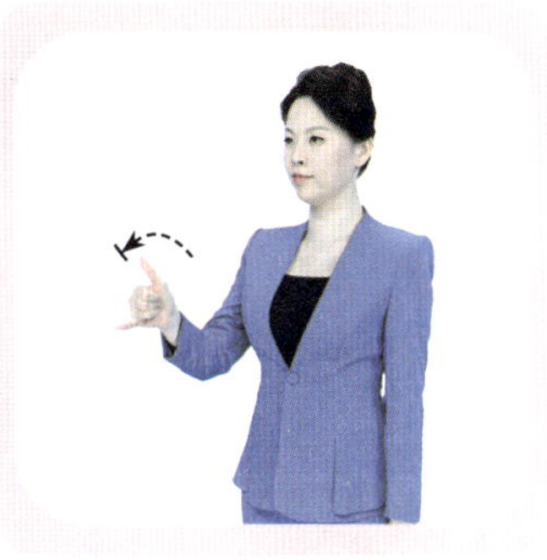

到

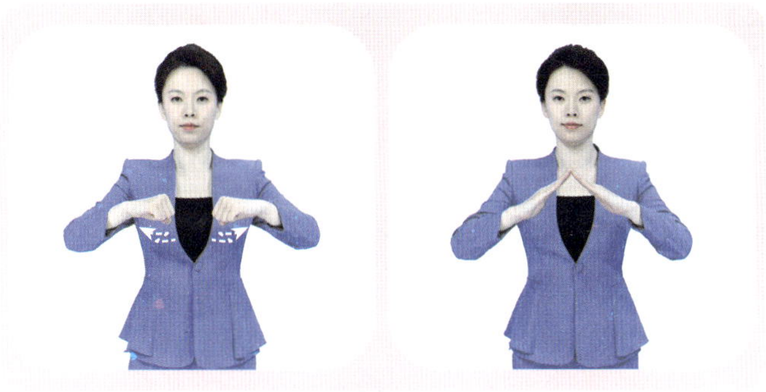

体育馆

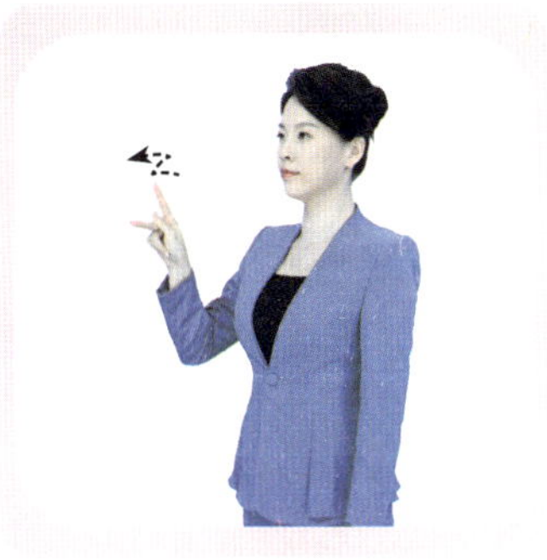

上课

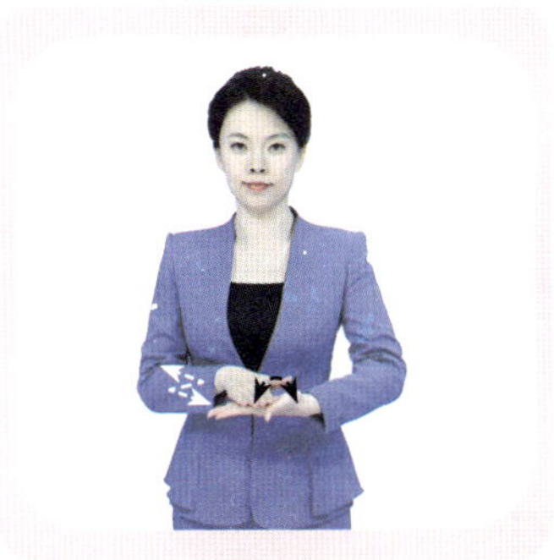

练习

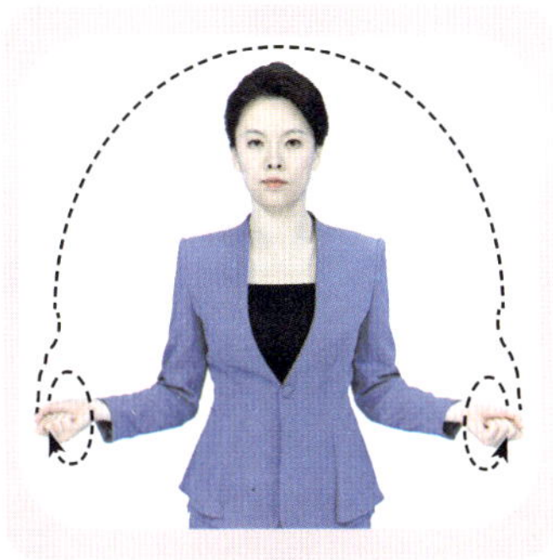

跳绳

## 14. 请大家快速集合,保持队形整齐。

手语:大家 / 迅速 / 集合,排队 / 整齐 / 一直。

大家

迅速

集合

排队

整齐

一直

## 15. 认真观看老师做示范,记住动作要领。

手语:认真 / 观察 / 老师 / 示范,主要 / 动作 / 记忆。

认真

观察

老师

示范

主要

动作

记忆

## 16. 运动前先热身，运动后请及时添加衣物。

手语：运动 / 提前① / 热① - 身体，运动 / 完成 / 立刻 / 穿。

运动　　　　提前①　　　　热① - 身体

 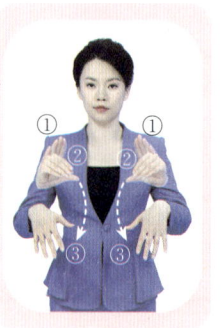

运动　　　　完成

立刻　　　　穿

## 17. 如有身体不适，请及时报告老师。

手语：如果 / 身体 / 不－舒服，立刻 / 报告 / 老师。

如果　　　　　身体

不－舒服　　　　　立刻

报告　　　　　老师

## 18. 进入律动教室前,请换好练功鞋。

手语:律动/教室/〈房＋进〉/提前①/练习－鞋/换。

律动

教室

〈房＋进〉

提前①

练习－鞋

换

## 19. 律动教室内禁止倚靠把杆、镜子。

手语：律动 / 教室 / 内 / 管道 /〈管道 + 依靠〉/ 镜子 /〈镜子 + 依靠〉/ 禁止①。

律动

教室

内

管道

〈管道 + 依靠〉

镜子

〈镜子 + 依靠〉

禁止①

## （四）自习室

### 20. 不能穿背心、拖鞋进入自习教室。

手语：穿 / 背心 / 拖鞋 / 自修 / 教室 / 〈房 + 进〉/ 不能②。

穿　　　　　　背心　　　　　　拖鞋

自修　　　　　　　　　　教室

〈房 + 进〉　　　　不能②

## 21. 因病不能上晚自习的同学，需要提前向班主任和生活老师请假。

手语：同学①/病/去/晚上/自修/不能②，需要①/提前①/向/班①－主任/值日－班①－老师/请假。

聋校日常教学用语国家通用手语百句（试行）

班①－主任

值日－班①－老师

请假

## 22. 请保持安静,不得大声喧哗,随意走动。

手语:安静/一直,喊－噪音/走/随便②/禁止①。

安静　　一直

喊－噪音

走　　随便②　　禁止①

## 23. 不要将食物带入自习教室。

手语：自修 / 教室 / 食物 / 带① / 〈房 + 进〉/ 不能②。

自修

教室

食物

带①

〈房 + 进〉

不能②

## 24. 有问题，可以问指导老师。

手语：有 / 问题，问 / 指导 / 老师。

有

问题

问

指导

老师

## 25. 自习结束后，请值日生打扫卫生。

手语：自修 / 结束 / 值日 - 学生 / 扫地 ++/ 要。

自修

结束

值日 - 学生

扫地 ++

要